¿CUÁNTO MIDE UN METRO?

Y OTRAS PREGUNTAS RARAS QUE HAGO A VECES

¿CUÁNTO MIDE UN METRO?

Y OTRAS PREGUNTAS RARAS QUE HAGO A VECES

GABRIEL LEÓN

ILUSTRADO POR BALBONTA

blok

B DE BLOK

El papel utilizado para la impresión de este libro ha sido fabricado a partir de madera
procedente de bosques y plantaciones gestionadas con los más altos estándares ambientales,
garantizando una explotación de los recursos sostenible con el medio ambiente y beneficiosa para las personas.

¿Cuánto mide un metro?

Primera edición en Chile: noviembre de 2021
Primera edición en México: febrero de 2022

D. R. © 2021, Gabriel León

D. R. © 2021, Penguin Random House Grupo Editorial, S. A.
Av. Andrés Bello 2299, of. 801, Providencia, Santiago de Chile

D. R. © 2022, derechos de edición mundiales en lengua castellana:
Penguin Random House Grupo Editorial, S. A. de C. V.
Blvd. Miguel de Cervantes Saavedra núm. 301, 1er piso,
colonia Granada, alcaldía Miguel Hidalgo, C. P. 11520,
Ciudad de México

penguinlibros.com

D. R. © Paula Balbontín, por las ilustraciones de portada e interior
D. R. © Julio Valdés B., por el diseño de portada
Composición: Alexei Alikin G.

ISBN: 978-607-381-108-8

Impreso en México – *Printed in Mexico*

A todos los niños y niñas
que compartieron sus
preguntas raras conmigo ❤

ÍNDICE

LA CUCHARA

¿Cuál es su sabor de helado favorito? El mío es el de menta con chips de chocolate, ¡el mejor sabor de helado de todo el universo! Hay gente que tristemente no piensa igual, como mi amigo Vicente, que prefiere el helado de vainilla. Él se lo pierde. En cualquier caso, los helados son maravillosos. Con Vicente y mi papá fuimos a conocer una nueva heladería que se instaló cerca de la casa. Cuando digo «fuimos a conocer» no me refiero a que hicimos un *tour* por el lugar, sino a que fuimos a tomar (¿o comer?) helados.

Mi papá pidió un café con nombre raro y nosotros devoramos nuestras bolitas heladas sentados en la terraza.

—Papá, ¿quién inventó los helados?

—Buena pregunta —dijo Vicente alzando su cuchara—. Yo también quiero saber.

Mi papá dejó su taza en el platillo, mordió una galleta que le habían dado con su café y puso la cara que pone cuando trata de acordarse de algo.

—Mmhh, leí hace mucho tiempo que eso no estaba para nada claro. Lo que sí se sabe es que en muchas partes del mundo había versiones de algo parecido al helado, principalmente hecho de hielo que se traía de alguna montaña cercana y que se mezclaba con miel, vino o jugos de fruta.

—¿Hielo con vino? Qué asco —dijimos a coro con Vicente.

—Como sea, hace solo unos ciento cincuenta años los helados se convirtieron en algo popular, cuando los precios bajaron y se instalaron las primeras heladerías en Europa —concluyó mi papá, tomando su taza de nuevo.

De repente vi que Vicente estaba turnio mirando su cuchara, y movía su cabeza de un lado para el otro.

—¿Qué te pasa, Vicente?

—Esto es muy raro, Pachi, ¡me veo al revés en la cuchara!

De inmediato tomé la mía y me miré en ella, pero no vi lo mismo que Vicente: ¡mi cara se veía alargada, no al revés!

—Qué raro, Vicente, yo me veo como alargada.

—A ver, pásame tu cuchara.

Vicente se quedó viendo en mi cuchara y luego de unos segundos se miró al mismo tiempo en su cuchara.

—Woooaaa, esto es muy loco, Pachi. En mi cuchara me veo al revés, pero en la tuya me veo alargado.

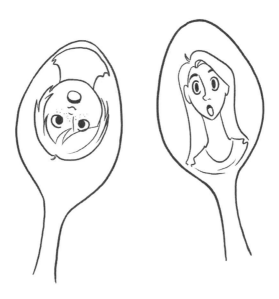

Mi papá había dejado su taza de café en la mesa, y nos miraba con la misma cara de curiosidad que ponen esas personas que hacen documentales de la vida en la selva cuando observan a los monitos jugando.

—¿Por qué pasa eso, papá?

—Esto está muy interesante. Primero quiero que se fijen bien en las cucharas, a ver si se dan cuenta de un detalle importante.

Con Vicente pusimos atención y después de unos segundos él abrió mucho los ojos, como si hubiera descubierto algo.

—¡Ahhh, ya me di cuenta! —exclamó. En mi cuchara me estaba mirando con esa guatita apuntando hacia mí, pero la cuchara de la Pachi estaba hacia el otro lado, o sea con la parte hundida hacia ella, ¿se entiende?

—Muy bien, Vicente. En efecto, las cucharas tienen dos lados. La parte donde va la comida es el lado cóncavo, mientras que el otro es el lado convexo.

—¿Con cabo y con beso? —pregunté poniendo cara de intriga.

—No, cóncavo y convexo. Cóncavo viene del latín y significa cavidad. Es fácil recordarlo si piensan en cavar; si excavan en la arena, les queda una forma cóncava.

—Ahhh, ya entendí —dijimos los dos al mismo tiempo.

—Ya, pero ¿por qué me veo al revés si me miro por el lado cóncavo y alargado si me miro por el lado convexo? ¿Lo dije bien? —preguntó Vicente.

—Muy bien, es tal cual —contestó mi papá—. Todo se debe a un fenómeno óptico, Vicente. Piensen en la cuchara como un espejo curvo que refleja la luz de dos formas distintas. Si se miran por el lado convexo, los rayos de luz que se reflejan en la superficie curva de la cuchara se alejan del centro de ella, haciendo que las imágenes se vean alargadas. Por el contrario, si se miran por el lado cóncavo, los rayos de luz se cruzan delante del centro de la cuchara antes de llegar a sus ojos. La luz que venía desde arriba ahora la ven desde abajo y viceversa. Por eso se ven al revés.

—Ohhh, ahora entendí —dijimos los dos.

—Pero se me acabó el helado —agregué con cara de pena.

—A mí también —siguió Vicente.

—Bueno, a mí se me acabó el café. ¿Qué les pareció esta heladería?

—¡Muy buena! —opinamos al unísono.

—Buenos helados y buenas explicaciones, jeje —dijo Vicente, y salimos poniendo cara de reflejo por el lado convexo de una cuchara.

ARENA TRANSPARENTE

Estaba en mi pieza ordenando la ropa recién lavada y mientras guardaba mis calcetines sentí un ruido MUY FUERTE que venía de la cocina. El Lukas se volvió loco ladrando y salió corriendo en esa dirección (y, claro, yo detrás). Al llegar a la cocina me topé con mi papá, que había agarrado al Lukas para que no entrara.

—No pasen, se me quebraron tres vasos.

—¡Tres vasos! ¿Cómo pasó eso? —pregunté preocupada.

—Los tenía en una bandeja que se me fue de lado y, tratando de evitar que se cayera uno, cayeron los tres. A veces es mejor dejar que un vaso se quiebre y salvar dos, que intentar salvar uno y quebrarlos todos.

Mi papá se puso a barrer los pedazos de vidrio y yo me quedé en la puerta de la cocina con el Lukas en brazos, para que no se cortara sus patitas. Luego de barrer, los metió dentro de una caja pequeña. Mientras estaba en eso me puse a pensar en algo y una pregunta se me cruzó por la cabeza.

—Papá, ¿de dónde viene el vidrio?

—Oh, qué buena pregunta. ¿De dónde te imaginas que sale?

—Tengo claro que «del árbol del vidrio» no es una opción... Mmhh, no se me ocurre de dónde podría salir.

—Seguro te vas a sorprender: el vidrio se hace con arena. Se mezcla con un par de sustancias químicas y se calienta en un horno especial hasta que la arena pasa a un estado semilíquido, que luego es enfriado rápidamente.

—Oh, ¡jamás lo habría imaginado! ¿Y a qué temperatura la arena pasa a un estado semilíquido?

—Si recuerdo bien, a unos 1.600 °C.

—¡Guau, qué intenso! Pero ¿cómo se le da la forma? Porque el vidrio de una ventana es plano y los vasos, como los tres que quebraste, son diferentes.

—Buena observación, aunque no es necesario recordarme que quebré tres vasos...

—Lo sé, pero no me aguanté —dije con una sonrisa picarona.

—Una vez que el vidrio está en ese estado semilíquido, se pone dentro de un molde y, usando aire comprimido, se sopla para darle forma...

—¿Cómo es eso de que se sopla?

—Mmhh, con un ejemplo se entiende mejor —dijo mi papá mientras buscaba algo en el cajón de los cubiertos, desde donde sacó una de las bombillas metálicas que usamos cuando hacemos jugos tropicales. Luego mezcló un poco de agua con detergente de loza, hundió la punta de la bombilla en la mezcla jabonosa y después sopló despacito.

—Oh, a eso te refieres con que el vidrio se sopla.

—Tal cual... Y si se sopla con el vidrio inflándose dentro de un molde, el vidrio tomará esa forma.

—Mmhh, pero el vidrio de las ventanas no se sopla, ¿o sí?

—Ese se fabrica en unos hornos grandes, y cuando está caliente se distribuye formando una capa delgada de vidrio que luego pasa a otra sección de la fábrica donde flota sobre un metal.

—¡¿KIÉ?!

—Sí, el vidrio fundido flota en una especie de piscina de metal caliente, donde se extiende hasta formar una hoja de vidrio muy delgado y homogéneo. Eso después es enfriado lentamente y cortado para obtener vidrios de distintos tamaños.

—Jamás me habría imaginado que así se fabrica el vidrio de las ventanas. ¿Qué vamos a hacer con eso? —dije apuntando la caja con los vasos quebrados.

—Ah, una de las cosas buenas del vidrio es que es muy fácil de reciclar. Todos los vasos que los papás quiebran en el mundo pueden ser mezclados con la materia prima para fabricar vidrio y así volver a ser vasos. Eso, además, nos permite ahorrar arena.

—¿Cómo que ahorrar arena? La Tierra está llena de arena, ¿o no?

—Sí, es verdad. La arena es muy abundante, pero también una de las materias primas más usadas del mundo, no solo para hacer vidrio sino también cemento, y como las ciudades han crecido se utiliza muchísimo para construir.

En ese momento tomé la correa del Lukas, que llegó corriendo para salir a dar un paseo no programado.

—¿Para dónde vamos? —dijo mi papá sin entender muy bien.

—Después de la historia del vidrio y la arena tenemos que ir a reciclar esos vasos.

—Toda la razón, Pachi.

Mi papá tomó la cajita donde había puesto los tres vasos quebrados y salimos caminando rumbo a una plaza cercana que tiene grandes recolectores para poner el vidrio que será reciclado.

EL METRO

Estaba en mi pieza terminando un trabajo para el colegio. Tenía que dibujar una línea que midiera diez centímetros. Fui a buscar mi regla y me senté para dibujar con mucho cuidado. De repente me quedé pegada pensando, miré la regla un buen rato y en eso pasó mi papá por afuera de mi pieza e interrumpió mis pensamientos reglísticos.

—¿En qué cosa tan interesante estás pensando? —dijo apoyado en el marco de la puerta.

—Es que no entiendo. En el colegio nos explicaron que un centímetro es la centésima parte de un metro, pero ¿quién decidió cuánto mide un metro?

—Esa es una muy buena pregunta, y es muy interesante porque se aplica a otras unidades de medida.

—¿Cuáles otras unidades de medida?

—Las de masa y tiempo; el gramo y el segundo.

—¿Y qué es lo que tienen en común?

—Que son acuerdos.

—¿Cómo?

—Nosotros, los humanos, nos pusimos de acuerdo para decidir qué íbamos a entender por metro, gramo y segundo, de tal forma que todos entendieran lo mismo cuando alguien dijera «Aquí hay quinientos gramos de harina» o «Necesito dos metros de tela».

A esa altura me había puesto a pensar en cómo habría sido poner de acuerdo a millones de personas al mismo tiempo en una reunión por Zoom, todas gritando y tratando de que su forma especial de metro, gramo o segundo fuera la elegida.

—No logro imaginarme cómo pasó algo así —dije.

—A ver, no es que hayan hecho una reunión por Zoom —dijo mi papá adivinando mis pensamientos—. Es algo que pasó de manera gradual. El mejor ejemplo es el del metro.

—¡Espera! —dije y salí corriendo. Volví con la huincha de medir en mis manos y marcando un metro.

—Súper, Pachi. El metro nació hace más de doscientos años en Francia, cuando las personas estaban buscando una manera práctica de definir una unidad de distancia; algo que todo el mundo entendiera por igual, independientemente del lenguaje que hablara o el lugar donde estuviera.

—¿Y antes de eso?

—Había otras unidades para medir distancia, pero eran súper complicadas. Por ejemplo, las pulgadas.

—Por favor, dime que era la distancia que medía un grupo de pulgas.

—Jajajá, nooo... pero casi. Una de las definiciones era que una pulgada equivalía a la distancia entre tres granos de cebada secos puestos en una fila.

—¿Cebada?

—Un cereal parecido al trigo. ¿Qué te parece la definición?

—Mmhh, no sé...

—Mira, vamos a probar con garbanzos.

Mi papá fue a la despensa, sacó el frasco de vidrio donde guardamos los garbanzos y puso tres en filita. Luego hizo otra fila igual.

—Ya, Pachi, ¿miden lo mismo las dos filas de garbanzos?

Me acerqué a mirar con mucho cuidado y no, no medían lo mismo.

—No, esta es un poquitito, así chiquitito, más larga.

—Claro, y ese era el problema. Los garbanzos y los granos de cebada son diferentes, así que no era una buena definición.

—¿Y qué hicieron entonces?

—A alguien se le ocurrió tomar como referencia la distancia que tiene una línea que pasa por París y que va entre el polo norte y el Ecuador.

—¡Más complicado!

—Muy complicado, pero bueno, eso propusieron: una nueva unidad de medida llamada metro y que correspondería a una diezmillonésima de lo que medía esa línea.

—¿Diezmayonésima?, ¿como la mayonesa?

—Jajajá, diezmillonésima —me corrigió mi papá y siguió con su explicación—. Tomar esa línea que va desde el polo norte al Ecuador y cortarla en diez millones de trozos iguales. Uno de esos trozos es un metro.

—¡Pero es súper complejo! ¡Cómo voy a andar midiendo la distancia del polo norte al Ecuador!

—Bueno, ese problema lo solucionaron fabricando un objeto que representara de manera universal un metro.

—¿Fabricaron un metro?

—Una barra metálica que mide un metro. Y nos pusimos de acuerdo: esa barra mide un metro y todos los metros del mundo, para ser tales, deben medir lo mismo.

—Wow, ¿y quién tiene esa barra?

—Durante muchos años estuvo guardada en una bóveda subterránea cerca de París.

—¿Y todavía esa barra es el rey metro?

—No, fue cambiada para que no dependiera de un objeto físico.

—¿Y por qué cosa se cambió?

—Se optó por una definición asociada a algo que es constante y universal: la velocidad de la luz. Un metro es la distancia que recorre la luz en una fracción muy pequeñita de tiempo.

—No suena mucho más fácil —dije mirando mi huincha de medir.

—No, pero al menos ahora no depende de un objeto.

—¿Y al que se le ocurrió eso le dieron un premio?

En ese momento el Lukas se puso a ladrar. Con mi papá nos quedamos mirando y nos empezamos a reír. Claro, yo dije la palabra mágica: «premio», así que fui a buscar uno de sus premios de comida por haber escuchado esta historia tan tranquilo, sin moverse un metro.

JABÓN

Estábamos paseando al Lukas en la plaza cuando vi un montón de hormigas subiendo por el tronco de un árbol. Iban todas muy ordenaditas, caminando una detrás de otra, hasta que llegaban al suelo y seguían por debajo de una banca. Me agaché para ver a dónde iban, pero se perdieron detrás de unas plantas. Como soy curiosa, me metí como exploradora del Amazonas a tratar de ver a dónde se dirigían tan apuradas. En eso sentí que el Lukas ladraba: le había dado hambre y quería volver a la casa.

—¿En qué estabas tan entretenida? —me preguntó mi papá.

—Tratando de averiguar hacia dónde caminaban tan ordenadas unas hormigas que bajaban por un árbol.

—¿Y lo conseguiste?

—Mmhh, no mucho... no pude ver a qué parte iban.

—Pero veo que estuviste arrastrándote por la plaza —dijo apuntando mis manos.

—Oh, solo un poco —dije mirando mis manos llenas de tierra.

Llegando a la casa fui derechito a lavarme las manos. Las mojé, puse un poco de jabón de ese que es como una cremita y las restregué muy bien. Cuando quedaron limpias fui a la cocina por una merienda y, mientras comía una mandarina deliciosa, me quedé pensando.

—Papá...

—Dime, Pachi.

—¿Quién inventó el jabón? ¡No! Mejor: ¿qué es el jabón y por qué saca la mugre?

—Oh, dos muy buenas preguntas. Vamos por partes. El jabón es un tipo de sustancia química que sirve para eliminar de manera más eficiente diferentes tipos de suciedad.

—¿La elimina haciéndola desaparecer?

—Nooo. A ver... cuéntame cómo te lavaste las manos.

Quedé mirando a mi papá con mi cara de pregunta extrema, esa que pongo con una ceja muuuy alta, porque ¿cómo no va a saber cómo se lavan las manos?

—Las mojé, me puse un poquito de jabón, las restregué con fuerza —dije haciendo la mímica como si me estuviera lavando las manos—, y luego las enjuagué con agua. ¿Cómo te las lavas tú?

—Igual que tú, pero quería que mencionaras lo más importante: el agua.

—Ya, pero por algo no usamos solo agua. Una vez me lavé las manos con pura agua y me quedaron igual de sucias.

—Buena observación. El jabón ayuda a que el agua sea mejor sacando la mugre. El papel del jabón es despegar la suciedad de tu piel y el agua se encarga de eliminar el jabón unido a esta. Así la piel queda más limpia.

—Ohhh, o sea que el agua igual se lleva la mugre.

—Así es.

—¿Y cómo se hace el jabón?

—Esa es una historia muy interesante y te vas a sorprender: se hace de grasa.

—¡KIÉ! Pero ¿no que el jabón ayuda a sacar la grasa? No entiendo.

—Lo que pasa es que se hace a partir de grasa, pero no es grasa. El jabón se fabrica con grasa de origen vegetal, como aceites, o de grasa animal. Esa grasa se mezcla con un tipo de sustancia química que la modifica y la convierte en moléculas de jabón. La gracia de las moléculas de jabón es que se pueden mezclar muy bien tanto con la grasa como con el agua.

—¿Y eso por qué es una gracia?

—Porque el agua y la grasa no se mezclan. Mira, vamos a la cocina.

Mi papá tomó un vaso pequeñito y le agregó un poco de agua. Después tomó la botella del aceite que usamos para cocinar y le agregó un poquito de aceite al vaso.

—Mira, Pachi. Observa cómo se comportan el agua y el aceite.

—Parece que se llevan mal... no se mezclan.

—Ese comportamiento se llama hidrofóbico.

—Qué palabra más rara.

—Es una palabra que viene del...

—Griego, obvio.

—Sí, y quiere decir, literalmente, «temor al agua». Hace referencia a aquellas sustancias que no se mezclan con el agua.

—Por favor, dime que las cosas que sí se mezclan con el agua se llaman «amor al agua».

—Fíjate que sí, se les llama hidrofílicas, que también viene del griego y quiere decir «amor al agua».

—Mmhh, ¿y el jabón es hidrofóbico o hidrofílico?

—¡Ajá! El jabón es anfifílico. Eso quiere decir que los ama a ambos, al agua y a la grasa.

—¿O sea que el jabón se lleva bien con el agua y con las grasas?

—Tal cual. Así, el jabón puede mezclarse con las moléculas de grasa y despegarlas, ya sea de tu piel o de la ropa. Luego, al enjuagar con agua, se va la mugre unida al jabón.

—Guuuaaauuu, qué interesante cómo trabaja el jabón. Lo que es yo me declaro mandarifílica, porque amo las mandarinas.

Saqué otra mandarina mientras mi papá preparaba las cosas para bañar al Lukas, al que también le hacía falta un poco de jabón.

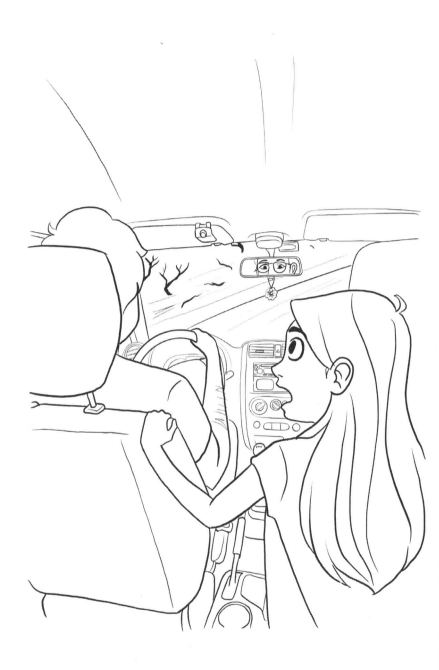

EL SOL RECICLADO

Me encanta salir de viaje. Mirar el paisaje, dormir un rato, comer una fruta, jugar a adivinar el color del auto que nos va a adelantar, cantar canciones viejas, preguntar cuánto falta, volver a dormir. Justo estaba despertando de una de mis siestas de viaje cuando vi que todo el paisaje a mi lado estaba negro: había habido un incendio y se había quemado todo.

—¿Qué pasó aquí? —pregunté todavía con cara de sueño.

—Hace algunas semanas hubo un incendio forestal. Está todo tan seco por la falta de lluvia que cualquier descuido puede generar un incendio.

—¿Descuido?, ¿cómo es eso?

—Lo que pasa es que casi todos los incendios forestales son causados por los seres humanos.

A veces solo basta que alguien arroje una colilla de cigarro por la ventana de un auto para arrasar con un bosque entero —respondió mi papá.

—Qué pena. ¿Y qué pasa con los animalitos que viven ahí?

—Usualmente tienen que cambiarse de casa e irse a otro bosque.

Me quedé pensando un rato mientras avanzábamos y me imaginé a los animalitos tomando sus cosas y arrancando del incendio. Y claro, no podía olvidarme del fuego.

—Papá, ¿qué es el fuego?

—Buena pregunta. Podría decirse que el fuego es una reacción química en la que materiales que son combustibles se mezclan con oxígeno y producen energía en forma de calor y luz, y también dióxido de carbono y agua.

—¿Agua?

—Sí, agua.

—No entiendo. Si el fuego produce agua, ¿por qué los incendios no se apagan solos?

—Porque en un incendio las temperaturas son altísimas y el agua producida en la combustión rápidamente se convierte en vapor de agua y se va junto con el humo.

—Ahhh, claro.

Mientras avanzábamos, de a poco el paisaje volvía a ser verde. Ya habíamos pasado la zona quemada y el Lukas seguía durmiendo a mi lado, acostado en su camita. Con el cambio de paisaje me vinieron más preguntas *incendiosas*.

—¿Y qué es esa parte del fuego que quema?

—¿Las llamas?

—¡Eso! ¿Qué son las llamas?

—Las llamas son gases que están muy calientes.

En ese momento el Lukas despertó, se sacudió, bostezó y se volvió a acomodar en su cama.

—Hay algo que no entiendo de los incendios...

—¿Qué cosa, Pachi? —dijo mi papá mirándome por ese espejito que hay en el auto.

—Una vez conversamos sobre la energía y me contaste que, para poder hacer cosas como correr o jugar, nuestros cuerpos necesitan energía.

—Lo recuerdo...

—Y esa energía viene de la comida, ¿cierto?

—Sí, claro.

—Y recién me dijiste que el fuego era una reacción química que liberaba energía en forma de luz y calor. ¿De dónde viene esa luz y calor? Yo nunca he visto comer a un árbol...

—Interesante... Hace muchos años, un físico llamado Richard Feynman contó una linda historia al respecto.

—A veeer —dije esperando la historia.

Mi papá se acomodó en el asiento, bajó un poco el volumen de la radio.

—Resulta que las plantas, como los árboles, no comen porque no lo necesitan; fabrican todo lo que requieren a partir de agua, dióxido de carbono y la luz del sol. Y es justamente la luz del sol la que les da a las plantas la energía para que fabriquen toooodas sus moléculas y partes. Así, el tronco de un árbol está hecho con moléculas que el árbol fabricó usando como energía esa luz.

—¿O sea que si no hubiera sol las plantas no podrían fabricar sus moléculas ni crecer?

—Tal cual. Pero, al mismo tiempo, eso quiere decir que cuando un trozo de madera se quema la energía que emite en forma de luz y calor viene...

Mi papá se quedó esperado que yo completara la oración.

—¿Del sol? —dije en tono de pregunta.

—¡Exacto!

—Woooaaaa, es como si la madera tuviera guardada la energía del sol.

—Y la luz y calor que emite el fuego eran originalmente la luz y calor que llegó del sol. ¿Qué te pareció la historia?

—Buenísima. ¿Quién era la persona que te la contó?

—No me la contó a mí, la contó en una entrevista hace muchos años. Esa persona se llamaba Richard Feynman, y era físico.

En ese momento noté que nos habíamos detenido. El Lukas se levantó y se apoyó en la ventana ladrando. Miré por mi lado de la ventana y habíamos llegado a nuestro destino. El mar se veía al fondo y el sol ya comenzaba a bajar. A mi lado, en un jardín, las plantas tomaban sol. Estaban fabricando sus moléculas y guardando un pedacito de nuestra estrella.

PEGOTE

Me encanta la mermelada de mora. Es lejos mi favorita, aunque a veces las pepitas se meten en los dientes... pero aun así ¡es la mejor del mundo! Como en la tarde me dio un poco de hambre, fui a la cocina a hacerme un pedacito de pan con mermelada. Saqué el frasco del refrigerador y le puse un buen montoncito a mi pan. El Lukas me miraba con cara de hambre, porque está convencido de que él tiene que comer cada vez que nosotros comemos.

—¿Qué haces, Pachi? —preguntó mi papá, que venía entrando a la cocina.

—Me hago un pancito con mermelada de mora, ¿quieres?

—Oh, qué rico... pero no es lo que quiero.

—¿Qué te gustaría comer? —pregunté antes de morder mi pan.

—No lo sé, tengo un poco de hambre, pero no tengo muy claro qué es lo que quiero comer.

En ese momento guardé la mermelada en el refrigerador y me senté en la mesa de la cocina a comer mi pan. Mi papá se sentó conmigo y me quedó mirando con cara de risa.

—¿De qué te ríes?

—Es que tienes la cara llena de mermelada.

Me pasé una servilleta por la cara y se quedó pegada en mi piel. Con mi papá nos empezamos a reír y me pasó una toalla de papel humedecida para que me limpiara bien. Yo me quedé pensando en lo que había pasado.

—Papá, ¿cómo funciona el pegamento?

—Interesante pregunta. ¿Tiene algo que ver con la servilleta pegada en tu cara?

—Sí, es que era como si la mermelada fuera un pegamento. Me quedé pensando en cómo funciona.

—Me lo imaginaba. Los pegamentos son sustancias muy especiales y la forma en que pegan depende mucho del tipo de pegamento. Por ejemplo, la clara del huevo se puede usar como pegamento.

—¡¿En serio?!

—En serio. De hecho, hubo un puente sobre el río Mapocho acá en Santiago que se construyó usando huevos como pegamento.

—¡KIÉ!

—Así es. El puente fue construido en el siglo dieciocho. Para unir las piedras usaron huevos. Un libro sobre el puente, que leí hace un tiempo y que escribió un historiador, aseguraba que se había usado medio millón de huevos para levantarlo.

—Impresionante, jamás me habría imaginado algo así.

Me quedé pensando y fui corriendo a mi pieza a buscar algo y volví rápidamente a la cocina, donde mi papá se había quedado tratando de entender qué estaba haciendo.

—Ya —dije recuperando al aire después de mi carrera con obstáculos—. ¿Y la cola fría?

Puse el envase de cola fría en el mesón de la cocina y me quedé esperando la respuesta.

—Ah, ese es un pegamento sintético muy interesante. Cuando se aplica la cola fría, lo ideal es formar una capa delgada en cada pieza que se quiere unir y dejarlo secar un poco.

—¿Y por qué hay que dejarlo secar?

—Porque el pegamento viene mezclado con un poco de agua y mientras tenga agua no va a pegarse. Por eso el pegamento no se pega en el envase, porque ahí adentro se mantiene húmedo.

—Ohhh, justo el otro día alguien en el colegio preguntó por qué el pegamento no se pegaba al envase, ahora voy a poder contarle.

—Y además ya sabes el secreto para pegar bien usando cola fría.

—Sí, pero todavía no entiendo cómo funciona.

—Mmhh, imagina que las moléculas de pegamento son como pequeños ganchos que pueden agarrarse de las superficies, sobre todo de las que son porosas, como la madera o el papel.

—Pero ¿esos ganchitos no son demasiado débiles?

—Puede ser, pero son muchos. A veces muchos débiles pueden ser más fuertes que unos pocos fuertes.

—Oh, claro. ¿Funciona parecido al velcro de mis zapatillas?

—Algo así.

Sin darme cuenta comencé a jugar con la cola fría y me puse un poco en un dedo. La dejé secar y después de un rato me la saqué con mucho cuidado. Mi papá me miraba con una cara muy divertida.

—Cuando yo era chico hacía lo mismo.

—Se siente rico esto...

—¡Panqueques!

—¿Ah? —dije sin entender a qué se refería mi papá.

—Que ya sé qué quiero comer. Panqueques.

—¿Con mermelada de mora?

—Con mermelada de mora, ¿me ayudas?

Nos quedamos pegados en la cocina, pusimos música y preparamos panqueques con mermelada de mora.

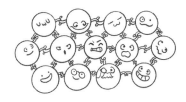

HOJAS BLANCAS

Estoy de vacaciones y tengo muchas cosas pendientes por hacer. Para que no se me olviden, hice una lista:

1. Pintar un cuadro.
2. Aprenderme tooodas las banderas del mundo.
3. Si me queda tiempo, ordenar mi pieza para sacar las cosas que ya no uso.

Para pintar el cuadro primero decidí que voy a dibujar algo que me guste, así que me senté frente una hoja en blanco durante un largo rato, tratando de que me llegara la inspiración. Estaba en eso, mirando fijamente mi hoja, cuando me puse a pensar en el papel. Yo sabía que el papel se hacía con árboles, pero no lograba imaginar cómo un árbol podía convertirse en algo como el papel. Justo en ese momento mi papá se asomó por mi pieza con los ojos medio cerrados.

—Pachi, ¿has visto mis lentes?

—Uhhh, no. Siempre se te pierden, te los vamos a amarrar.

—Sí, es cierto. Y lo peor de todo es que es muy difícil buscar los lentes sin lentes —dijo riéndose.

—Yo te ayudo a buscarlos y tú me cuentas todo lo que sabes sobre el papel.

Con mi papá empezamos a recorrer la casa buscando sus lentes por todos los rincones, mientras yo le hacía preguntas.

—Ya, ¿quién lo inventó?

—Ufff, eso es muy difícil de saber. Los egipcios usaban los tallos de una planta que crecía de manera abundante en el río Nilo para fabricar algo parecido al papel, producto que era llamado papiro. Para eso, abrían y estiraban los tallos de la planta formando cintas. Esas cintas eran ordenadas formando una red y luego las prensaban para formar unas gruesas láminas en las que podían escribir.

—Pero ¿no era como el papel que tenemos ahora?

—Nooo, era muy grueso, de color amarillento y tenía muchos relieves. La verdad no era muy fácil escribir bien en los papiros, pero servían. Más tarde, en China, inventaron un método para fabricar algo similar al papel actual, para lo que usaban diferentes tipos de plantas que, tras cortarlas y hervirlas, formaban una especie de pulpa de fibras vegetales.

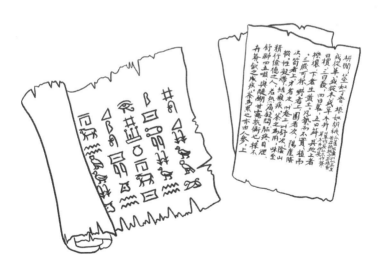

—¿Como una sopa de papel?

—Mmhh, algo así.

—Pero en esa sopa no se podía escribir. Tampoco se la podían tomar, ¡guácala!

—Jajajá, no. Para obtener el papel, la pulpa de fibras de plantas era puesta en una especie de colador y le sacaban el exceso de agua. Luego le pasaban rodillos de madera por encima a la pulpa húmeda y la dejaban secar al sol. Así obtenían algo parecido al papel moderno.

—¿Y en otras partes del mundo también hacían papel?

—Por aquella época, en gran parte del mundo se escribía en pieles de animales, que eran cuidadosamente preparadas para ese fin. Pero era un proceso caro y largo. Por eso, cuando llegó la tecnología para fabricar papel desde China a los países árabes, estos comenzaron a escribir un montón de libros.

—Ohhh, interesante.

A esa altura ya habíamos buscado los lentes de mi papá en el comedor, la oficina y el cuarto de estar.

—Yo ya busqué en el baño, pero por si acaso mira tú también —me dijo mi papá.

Miré bien en el baño y no estaban los lentes. Mi papá estaba buscando en la cocina y me fui para allá para seguir averiguando sobre el papel.

—Y ahora ¿cómo se fabrica el papel?

—Ahora se usa madera de árboles, que tienen una fibra vegetal llamada celulosa. Esa fibra es muy buena para hacer papel y el proceso es similar al que habían desarrollado en China: a los árboles se les quita la corteza y la madera es pasada por una máquina que la muele en pedacitos pequeños, desde ahí se obtiene una pulpa de fibras de celulosa que se usa para formar rollos de papel, que luego se cortan para obtener hojas de papel como las que usas para pintar.

—¿Y el papel se puede reciclar? Porque si se hace de árboles, creo que sería bueno reciclarlo.

—Sí, se puede. Es interesante, porque en los tiempos en que se usaban papiros, estos eran escasos y se usaban más de una vez. Ahora el papel usado se puede reciclar y con eso evitamos cortar árboles en exceso para fabricarlo.

Ya nos habíamos sentado en la cocina y estábamos tomando un vaso de agua. Los lentes de mi papá no aparecieron. Quizá dónde los había dejado. En eso, se levantó de un salto.

—¡Me acordé! —dijo caminando hacia el horno.

Abrió la puerta del horno y desde adentro sacó sus lentes.

—Ahhh, ¡¿cómo pasó eso?! —dije sin entender.

—Estaba limpiando el horno, me saqué los lentes porque me molestaban y los dejé encima de la lata.

—Menos mal que no usamos el horno hoy, te habrías quedado sin lentes.

—Al menos nos entretuvimos buscándolos.

Mi papá se puso sus lentes y yo volví a mi pieza, derechito a empezar mi dibujo. Había decidido hacerle un homenaje al papel e iba a dibujar un árbol lleno de libros.

BURBUJEANDO

Hoy fuimos a la feria a comprar frutas y verduras. Después de pasearnos por muuuchos puestos, llevamos papas, limones, dos tipos de cebollas, un brócoli, pimentones, mucha fruta de colores muy lindos y huevos. Ya íbamos saliendo cuando mi papá vio algo en uno de los puestos y fue como hipnotizado a comprarlo.

—Papá, ¿qué compraste que estás tan contento?

—Una de mis plantas favoritas: albahaca.

—¿Al vaca?

—No, albahaca. A-L-B-A-H-A-C-A.

—Qué nombre tan raro.

—Viene del árabe, igual que palabras como almohada o almacén.

—¿Y esa planta se come?

—Sí, es una planta aromática que yo uso para hacer una salsa especial que se llama pesto. Lleva albahaca, nueces, aceite de oliva y queso.

Al llegar a la casa guardamos todo lo que compramos y mi papá se puso a hacer el famoso pesto. Al terminar me dio a probar un poco en un pedacito de pan y sí me gustó. Aprobado el pesto.

—Y esto ¿con qué se come?

—Estaba pensando preparar unos tallarines. Lo primero que tenemos que hacer es hervir agua.

Mi papá puso agua en una olla grande y la dejó en la cocina. Lentamente de la olla comenzó a salir vapor, pero no estaba segura de si ya estaba hirviendo.

—¿Cuándo hierve el agua? —pregunté confundida.

—Excelente pregunta. Para entender eso primero tenemos que hablar de lo que pasa cuando hierve el agua u otros líquidos. El agua está formada por moléculas de agua, que corresponde a un átomo de oxígeno...

—Y dos átomos de hidrógeno —dije recordando un video que había visto sobre el agua.

—Exacto. Imagina que cada molécula de agua en un vaso se está moviendo y choca con otras moléculas de agua. Esas moléculas a veces pueden quedarse juntas durante un tiempo, pero siempre se están moviendo. Si caliento esas moléculas les transfiero energía, y esa energía hace que las moléculas de agua se muevan cada vez más rápido y que choquen cada vez con más fuerza.

—¿Como los autos chocones?

—Como los autos chocones. De vez en cuando el choque es tan fuerte y ocurre de tal manera, que una molécula de agua literalmente sale volando y queda en el aire, convertida en una molécula de vapor de agua. Pasó de líquido a gas.

—Wow, ese sí que es choque.

—A medida que caliento más el agua, más moléculas pasan a estado gaseoso... pero hay otra cosa que las retiene en el líquido.

—¿Qué cosa? —pregunté, mientras con un ojo miraba la olla para saber si ya había hervido.

—La atmósfera.

—¿Ah?

—La atmósfera. Tú sabes que acá en la Tierra tenemos una atmósfera, que es un mar de gases que está sobre nuestras cabezas.

—Sí, y que tiene el oxígeno que respiramos.

—Tal cual. Bueno, la atmósfera ejerce una presión encima de todo, incluyendo a las moléculas de agua.

—¿Como que nos aplasta?

—Algo así.

—Yo no siento que nada me aplaste.

—Es que nuestro cuerpo está lleno de aire, que empuja hacia afuera con la misma fuerza. Por eso no sentimos la presión de la atmósfera.

—¿Y el agua la siente?

—Sí, y de hecho la presión atmosférica empuja a las moléculas de agua para que se queden en forma líquida. Pero si yo caliento mucho el agua le entrego más y más energía a las moléculas, las que chocan cada vez más fuerte. Llega un momento en que la fuerza de esos choques empuja a las moléculas de agua a que salgan volando como moléculas de vapor, con la misma fuerza que la atmósfera ejerce sobre el agua. Ahí el agua está hirviendo.

—Interesante. ¿Y hierve a cien grados Celsius? Eso al menos leí una vez.

—Depende.

—¿Cómo que depende?

—Lo que pasa es que la presión atmosférica no es la misma en todas partes. Por ejemplo, la cantidad de atmósfera sobre nuestras cabezas es mayor a nivel del mar que en las montañas. Si estamos en una montaña muy alta, tendremos menos atmósfera sobre nosotros.

—¿Eso quiere decir que el agua hierve a distintas temperaturas en la playa y en la montaña?

—Exacto. El agua hierve a menos temperatura en la montaña porque tiene menos atmósfera encima, la presión es más baja y le cuesta menos convertirse en vapor.

—¿Y eso importa?

—Claro. Para cocinar, por ejemplo. Como el agua hierve a menos temperatura en las montañas, cuesta más cocinar. Los tallarines demoran más tiempo en cocinarse en la montaña que en la playa.

—Bueno, menos mal que no estamos en las montañas, porque me dio mucha hambre, ¿ya hirvió el agua?

Miramos la olla y justo estaba empezando a hervir. Me imaginé a las moléculas de agua que salían volando convertidas en vapor y me puse contenta... no por las moléculas, sino porque eso quería decir que ya íbamos a almorzar.

NORTE-SUR

El otro día a mi papá le dio por hacer algo que llama «aseo profundo», y es lo más parecido que hay a un terremoto. Absolutamente todo sale volando y nada se salva. Todo es sacudido, pulido, barrido, aspirado o lavado; se recicla lo que ya no se usa y todo debe terminar brillando, incluido el Lukas. Por eso mismo la cocina queda medio desarmada y el refrigerador se ve distinto, porque hasta a esos imanes de recuerdo de los viajes les toca baño.

Estaba volviendo a acomodar los adornos, cuando me puse a jugar con ellos. Es muy divertido, porque la atracción de los imanes por la puerta del refrigerador es muy fuerte. Y, claro, con tantos de ellos las preguntas se me quedaban pegadas en el cerebro.

—¿De qué están hechos los imanes? —pregunté acomodando un lindo recuerdo de Noruega que mi papá trajo de uno de sus viajes.

—Los imanes como estos están hechos de materiales metálicos especiales —respondió mi papá con voz de científico.

—Pero ¿existen así en la naturaleza o son todos hechos por el hombre?

—Eso es muy interesante. ¿Tú sabes dónde queda Noruega? —dijo mi papá mirando el imán que acababa de acomodar.

—Eeehhh, ¿en Europa?

—Sí, en la parte norte de Europa que se conoce como Escandinavia. En esa zona del mundo vivían los vikingos.

—Ohhh, a esos sí los conozco.

—¿Y sabías que eran grandes navegantes?

—No, no lo sabía. Me parecen muy entretenidos los vikingos, pero ¿qué tienen que ver con los imanes?

—Para allá voy. Los vikingos descubrieron un tipo de mineral conocido actualmente como magnetita, que es bastante abundante en la zona donde vivían. Ellos se dieron cuenta de que la magnetita tenía propiedades magnéticas.

—¿Y tenían refrigeradores?

—No, en esa época no existían los refrigeradores, jajajá —dijo mi papá sonriendo.

—Entonces, ¿para qué usaban la magnetita? Porque para adornos de refrigerador claramente no —dije riéndome por mi ingenioso chiste, jeje.

—Fíjate que no la usaban para hacer adornos, sino para navegar.

—¡¿Hicieron barcos de magnetita?!

—No, mejor aún: ¡fabricaron brújulas!

Mi papá salió corriendo a su oficina y trajo una cosa redonda que parecía una moneda muy grande. Tenía escritas las letras N, E, S y O, y en medio un palito que estaba pintado de rojo en uno de sus extremos.

—Esto es una brújula, es un instrumento que apunta al norte.

—¿Cómo? —dije sin entender muy bien cómo esa cosita podía saber hacia dónde quedaba el norte.

—Lo que pasa es que la Tierra es un gran imán. Tres mil kilómetros debajo de nuestros pies hay hierro fundido que gira y eso hace que nuestro planeta tenga un campo magnético.

—Guau, qué intenso.

—Y un pequeño imán como la aguja de esta brújula se alinea con el campo magnético de la Tierra.

—¿Y los vikingos aprendieron eso solos?

—Sí, se dieron cuenta de que la magnetita, cuando flotaba en agua, siempre se alineaba en la misma dirección, lo que les permitió viajar incluso de noche. El uso de brújulas les dio una gran ventaja con respecto a otros navegantes.

—¿Y por qué en tu brújula la aguja tiene un lado pintado de rojo?

—Lo que pasa es que en todos los materiales magnéticos hay dos polos o lados. Uno es el polo norte y el otro el sur. En el caso de las brújulas, el polo norte de la aguja apunta al norte geográfico.

—¿O sea que si tomo tu brújula y comienzo a caminar en la dirección que apunta la aguja voy a llegar al polo norte?

—Más o menos...

—¿Cómo? —dije sin entender bien.

—Lo que pasa es que el polo norte geográfico y el polo magnético no coinciden, no están exactamente en el mismo lugar.

—¿Y cómo pasó algo así?

—Es que el polo magnético depende del movimiento del hierro fundido en las profundidades de la Tierra, mientras que el polo geográfico depende del eje de rotación de la Tierra. Y, claro, no coinciden, así que, si caminas siguiendo la aguja de la brújula, vas a llegar al polo magnético.

Me quedé pensando en ese viaje y se me ocurrió una mega súper buena pregunta.

—¿Y qué va a pasar con la aguja de la brújula cuando llegue al polo?

—Oh, ¡qué buena pregunta, Pachi! La aguja de seguro estaría muy inquieta. En ese caso es mejor poner la brújula de lado.

—¿De lado?

—Sí, así —dijo mi papá tomando la brújula y dejándola como si fuera una rueda.

—¿Y qué pasaría si hago eso?

—En ese caso la aguja de la brújula apuntará derecho al suelo, porque el campo magnético de la Tierra entra en esa dirección en los polos.

—Y aparte de hacer funcionar las brújulas, ¿sirve de algo el campo magnético de la Tierra?

—Es importantísimo. Es una especie de escudo que nos protege de los rayos cósmicos.

—¿Rayos cósmicos? Suena como un arma de *Star Wars*.

—Tal cual, un rayo destructor de mundos.

—¿En serio?

—Sí, los rayos cósmicos son peligrosos, y tanto el campo magnético de la Tierra como la atmósfera nos protegen de sus efectos peligrosos.

—Suena bien terrible —dije pensando en un rayo que podría achicharrar todo en la Tierra.

—Pero afortunadamente estamos protegidos. No solo eso, cuando los rayos cósmicos interactúan con las partículas en la atmósfera, generan un tipo de luz tenue de color verdoso muy lindo llamado aurora boreal.

Mi papá sacó su celular y me mostró unos videos de auroras boreales. Quiero ir a Canadá o Noruega a ver esas luces tan lindas que no son otra cosa que los rayos cósmicos siendo neutralizados en la atmósfera. Hermoso.

BIROME

Mi papá casi no escribe con lápiz, porque la mayor parte de lo que escribe lo hace en el computador o en su teléfono, pero cuando escribe a mano le gusta usar unos lápices que él llama plumas (a pesar de que no se parecen en nada a una pluma). Son bien bonitas, y para usarlas hay que ponerles una tinta que viene en unas botellas de lo más monas. El otro día lo vi escribiendo con su pluma y aproveché de preguntarle por ese nombre tan raro.

—Papá, ¿por qué le dices pluma a esos lápices?

—Es por una cosa histórica. Resulta que durante mucho tiempo el mejor instrumento para escribir con tinta en un papel eran las plumas de gansos o cisnes.

—¿En serio?

—Sí. Las plumas de aves se untaban en tinta y se podían escribir varias palabras antes de tener que cargarlas con tinta de nuevo. Era algo lento, pero funcionaba muy bien.

—Nunca he visto a nadie escribiendo con una pluma. Digo, una pluma de algún pájaro.

—Es que ya no se usa. Hace rato que se inventaron instrumentos de escritura que pueden reemplazar a las plumas de aves, algo así como plumas fabricadas por el hombre.

—¿Como las que usas tú?

—Exacto. Y se les sigue llamando plumas, a pesar de que claramente no lo son.

—Ahora entiendo lo del nombre. ¿Y son mejores que las plumas de un cisne o ganso?

—Son más prácticas, pero igual tienen problemas. A veces la tinta se rebalsa o se corre, y hay que andar con una botellita de repuesto si vas a escribir mucho.

—¿Por eso inventaron estos otros? —dije apuntando uno de los típicos lápices de tapita azul.

LÁSZLÓ BÍRÓ.

—Claro. Esa idea se le ocurrió a un periodista húngaro llamado Ladislao Biro, que estaba muy frustrado por los problemas que tenía escribiendo con plumas como las que uso yo. A él y a su hermano se les ocurrió una idea muy buena e inventaron el bolígrafo.

—¿Bolígrafo?

—Claro, se llaman así porque en la punta tienen una bolita.

—¿Y por qué eso es una muy buena idea?

—Porque las plumas como las que yo uso tienen una punta abierta y a veces puede salir mucha tinta de una sola vez. Un día los hermanos Biro iban caminando por una calle donde unos niños jugaban a las bolitas, y al pasar por un charco de agua las bolitas dejaban marcas en la tierra, como rayitas hechas con agua. Ahí se les ocurrió ponerle una bolita en la punta a una pluma y nació el bolígrafo.

—Nunca me había fijado en la punta de un bolígrafo.

—Mira, veamos con la lupa la punta de ese bolígrafo de tapa azul.

Mi papá puso la lupa encima del bolígrafo y con mucho cuidado la fue moviendo hasta que se vio muy bien una bolita pequeña en la punta.

—Funciona igual que esos desodorantes de bolita —dijo mi papá moviendo la lupa con mucho cuidado.

—Ahhh, sí los he visto. Pero en vez de desodorante tienen tinta, obvio.

—Claro. Los hermanos Biro desarrollaron un tipo de tinta parecida a la que se usaba para imprimir periódicos, que tenía la gracia de que se secaba muy rápido. Su invento era, entonces, un cilindro relleno de tinta espesa que se movía por gravedad y que era distribuido en la punta

por una pequeña bolita que dejaba en el papel la cantidad justa de tinta. Intentaron comercializar su producto en Europa, pero con poco éxito.

—¿Y qué hicieron?

—Cuando empezó la Segunda Guerra Mundial se fueron a Argentina y ahí perfeccionaron su invento. Tenían un socio de apellido Meyne, así que a su bolígrafo perfeccionado le pusieron Birome. ¡Y fue un tremendo éxito! Hasta el día de hoy se les dice así a los bolígrafos en Argentina.

—Qué buena historia. Pero me quedó dando vueltas algo...

—¿Qué cosa?

—Me dijiste que la tinta se movía por la gravedad. ¿Eso quiere decir que en el espacio no se pueden usar bolígrafos?

—Excelente observación. Cuando la NASA empezó a mandar astronautas al espacio, solo podían llevar lápices de grafito. Esos lápices presentaban varios problemas: el grafito dejaba restos que podían interferir con los circuitos, la madera de los lápices era inflamable y, además, lo que escribían los astronautas podía borrarse con facilidad. Al poco rato una empresa inventó unos bolígrafos que llevaban tinta a presión y con esos sí se puede escribir en el espacio.

—Impresionante.

—¿Te gustó la historia?

—¡Me encantó!, tanto que creo que la voy a escribir.

—¿Con bolígrafo?

—Obvio —dije, y me fui a mi pieza a escribir esta historia.

HABLANDO CONMIGO

A mi papá le encanta que subamos cerros. Para esos paseos nos levantamos bien temprano, nos ponemos nuestra ropa de excursión y mucho bloqueador solar. Tomamos nuestras botellas con agua y nos vamos. Usualmente dejamos el auto cerca de algún cerro y comenzamos a caminar. Al principio, cuando yo era más chica, los paseos eran cortos y facilitos, pero ahora que tengo más años subimos cerros cada vez más grandes. Ayer fuimos a uno de esos cerros.

—Papááá, me duelen los pies de tanto subir. ¿Cuánto falta? —pregunté un podo agotada.

—Nada.

—¿Ah?

—¡Llegamos a la cumbre!

Para mi felicidad absoluta, ese cerro gigante por fin se había terminado y habíamos llegado a la cumbre. Corría viento fresco y había varios árboles para descansar. Nos sentamos en unas piedras a la sombra del árbol más grande, tomamos agua y nos comimos una fruta mientras mirábamos el paisaje. Solo se sentía el sonido del viento y el canto de los pajaritos. No había nadie más.

Antes de bajar recorrimos la cumbre y llegamos a un lugar desde donde se veían tooodos los otros cerros y montañas del sector. Mirando ese paisaje, tomé aire...

—¡Hooolaaa! —grité bien fuerte.

—¡Hooolaaa! —me contestó el eco.

—Qué buen eco hay aquí —dijo mi papá, pero no gritó. Yo creo que se moría de ganas.

—¿Por qué hay lugares con mejor eco? Me acuerdo de que cuando pintamos la casa sacamos todas las cosas del comedor y había muuucho.

—Eso ocurre porque el eco no es otra cosa que las ondas de sonido que chocan en alguna superficie —como en la ladera de los cerros que están al frente—, rebotan de vuelta hacia nosotros y escuchamos esos sonidos cuando vuelven a nuestros oídos. Entre menos obstáculos y más lisa la superficie, mejor será el eco. Cuando pintamos sacamos todos los muebles, así que el sonido viajaba con mayor facilidad, por eso había tanto eco.

—Ohhh, interesante. ¿Y habrá un lugar con el mejor eco en todo el mundo?

—Fíjate que sí. Está en Escocia, y son unos estanques de combustible subterráneos y enormes que ahora están en desuso. Si alguien aplaude ahí adentro el sonido se queda rebotando por mucho rato, algo que se llama reverberación.

Comenzamos a bajar el cerro con mucho cuidado, pero a medida que pensaba en el eco se me ocurrían más preguntas.

—Una vez leí que los murciélagos usaban el eco para poder guiarse. ¿Hay otros animales que hagan lo mismo?

—Mmhh, sí... Por ejemplo, los delfines y las ballenas pueden usar una estrategia parecida para comunicarse y moverse, también algunas aves de Sudamérica y el ser humano.

Me detuve afirmada de una roca mientras pensaba si yo alguna vez había usado el eco para moverme, y no, nunca se me había ocurrido algo así.

—¿Cómo es eso de que los humanos podemos usar el eco?

—Se han descrito varios casos de personas que luego de perder el sentido de la vista, producto de accidentes o enfermedades, aprendieron a usar el eco para moverse de manera muy ágil y esquivando obstáculos.

—¿KIÉ?

—En serio. Hay muchos casos descritos.

—Guau, ¿y eso se puede aprender?

—Los científicos que han estudiado la eco-localización en humanos han descubierto que en general las personas que pueden ver no perciben el eco sin entrenamiento, pero que se puede aprender.

—Interesante, nunca lo habría pensado.

Habíamos llegado al auto y estaba muy cansada, pero feliz de haber llegado, literalmente, a la punta de un cerro con tan buen eco.

AIRE SONORO

¿Ustedes saben silbar? Yo estoy aprendiendo, pero me cuesta mucho y no me sale muy bien. Mi papá silba como pajarito y hace unos sonidos muy divertidos. También sabe silbar muy fuerte. Con eso en mente, me recosté en el suelo de mi pieza determinada a silbar a la perfección.

—¡Fffffffffffffffhhhhhhhhhhhh!

—¿Pachi?

—Hola, papá —dije mientras me sentaba en el suelo.

—¿Qué haces?

—Estoy tratando de silbar, pero no me sale.

—Mmhh, es una habilidad que toma un tiempo aprender.

—¿Tú a qué edad aprendiste a silbar?

—No me acuerdo, pero debo haber tenido más o menos tu edad. Ven, vamos a pasear al Lukas y aprovechamos de aprender de los expertos.

No entendí muy bien a qué se refería mi papá, pero me puse zapatillas y salimos a la plaza a pasear al Lukas. La mañana estaba muy bonita, el cielo azul con algunas nubes blancas y gorditas, y la temperatura era ideal. Y, claro, había muchos pajaritos diferentes cantando.

—Creo que ya entendí lo de aprender de los expertos, pero ¿los pajaritos silban o cantan?

—Muy buena observación. Los pájaros tienen un órgano especial llamado siringe, que les permite hacer sonidos cuando expulsan aire desde los pulmones. En ese sentido, el canto de los pájaros se parece más al lenguaje hablado humano que a los silbidos. Pero son una buena fuente de inspiración para tratar de imitar sus sonidos.

Nos pusimos a caminar bajo los árboles mientras los pajaritos seguían cantando. Fue divertido, porque todos los pajaritos de un mismo tipo cantaban igual.

—¿Y cómo aprenden a cantar? Porque parece que todos esos pajaritos como chascones cantan los mismo.

—¡Eso tiene una historia muy interesante! Hace muchos años un científico se hizo la misma pregunta y crio a algunos pajaritos sin contacto con pájaros adultos, que son los que cantan. Esos pajaritos nunca aprendieron a cantar las canciones típicas de su especie. Entonces el científico hizo otro experimento, en el que a pajaritos que también habían crecido sin contacto con adultos los hizo escuchar el sonido del canto de los adultos...

—¿Y los pajaritos aprendieron?

—Tal cual. Una vez que escucharon el canto de los adultos, los pajaritos aprendieron a cantar. El canto es aprendido y por imitación.

—¿Y un pajarito podría aprender a cantar cualquier canción?

—Hay pájaros muy buenos haciendo eso; de hecho, algunos pueden imitar los cantos de otros pájaros. Y está también el caso de los loros y otras aves que pueden imitar los sonidos que hacemos los humanos.

—Bueno, ¿entonces el canto de los pájaros se parece más a nuestra capacidad de hablar que de silbar?

—Claro. Es más, los humanos pequeños aprenden a hablar igual que las aves aprenden a cantar: intentando imitar ciertos sonidos y lentamente aprendiendo cómo se hacen y qué significan.

—Ya, pero yo quiero aprender a silbar, ya sé hablar...

—Bueno, en eso hay parecidos, porque para aprender a silbar lo mejor es practicar mucho.

—A ver, silba tú y yo te imito.

Mi papá frunció los labios y silbó una nota que luego se convirtió en algo parecido al canto de un chincol. Yo intenté imitarlo, pero me salió aire sin ningún sonido bonito. Mientras caminábamos de vuelta yo seguía intentando y, de pronto, ¡me salió un silbido!

—¡Buuueeena, Pachi!

—¡Eeehhh, estoy silbando! —grité emocionada.

Caminamos rumbo a la casa uno al lado del otro y conversando en silbidos. El Lukas no entendía muy bien qué estaba pasando y, como no puede silbar, ladraba.

FLOTANDO

Es verano y hace muuucho calor. En las noches dejamos todas las ventanas de la casa abiertas, pero como no corre nada de viento la verdad es que no sirve de mucho. Fui a la cocina a buscar agua y mi papá estaba preparado la comida.

—¿Qué vamos a comer?

—Sopa —dijo mi papá muy serio.

—¿Sopa con este calor?

—Es una sopa fría de tomates, se llama gazpacho.

—Mmhh, gazpachi. ¡Qué rico!

—Está bien, gazpachi. ¿Tú en qué andas?

—Vine a buscar un vaso grande de agua con hielo. Muuucho hielo —dije mientras lo sacaba.

Puse varios cubitos de hielo en mi vaso y me serví agua hasta el borde. ¡Refrescante! Pero, aunque haga calor, siempre aparece alguna pregunta preguntosa.

—Papá, ¿por qué el hielo flota? —pregunté mirando turnia el hielo en mi vaso.

—Buena pregunta —dijo mi papá mientras preparaba el gazpachi—. ¿Qué pasa si tratas de hundir el hielo?

Usando un dedo empujé uno de ellos hacia abajo, pero rápidamente volvió a subir.

—Mmhh, vuelve a subir. ¿Será que tiene burbujas de aire y es como un flotador?

—Buena observación, Pachi. Es cierto que un poco de aire puede quedar atrapado dentro del hielo, pero eso no explica que flote en agua.

—Y si no es eso, ¿entonces qué es?

—Tiene que ver con la forma en la que las moléculas de agua se ordenan.

—¿Hay moléculas ordenadas y desordenadas?

—¡Claro! Las moléculas de agua siempre están vibrando y moviéndose. Lo que pasa es que son taaan pequeñas que no lo notamos, pero casos como el del hielo son un lindo ejemplo de eso.

—¿Y cómo el orden explica que el hielo flote?

—A eso voy. Imagina un primer experimento en que llenamos la cocina de personas que además se están moviendo, una al lado de la otra, sin espacio entre ellas...

—Ah, no. Sería un desastre ese experimento, no se podría cocinar.

—Claro, sería caótico. Ahora imagina que hacemos un segundo experimento, ordenando a las personas en la cocina de tal manera que tiene que haber al menos un metro de espacio entre ellas y además no se pueden mover.

—Bueno, ahí sería menos caótico.

—¿En cuál de los dos experimentos habría más gente en la cocina?

—En el primero.

—Exacto. Y con el hielo pasa lo mismo. En el agua líquida las moléculas se mueven, pero además están muy cerca una de otra. Como en el primer experimento de la cocina llena de gente.

—¿Y en el hielo eso no pasa?

—Cuando ponemos agua en una cubeta dentro del congelador, de a poco las moléculas se comienzan a ordenar a medida que baja la temperatura y finalmente quedan como las personas del segundo experimento, ordenadas y con espacio entre ellas. Al final, en el espacio de la cocina ¿en qué experimento había más gente?

—En el primero.

—Exacto. Y si cada persona de este experimento pesara lo mismo, ¿en qué caso habría más peso en la cocina?

—También en el primero.

—La relación entre el peso de algo y el espacio que ocupa se llama densidad. En el caso de la cocina llena de gente, el espacio es el mismo en los dos experimentos, pero como entra menos gente en el experimento número dos, la densidad es menor. Hay menos peso en el mismo espacio.

—Ahhh, o sea que el hielo es menos denso que el agua.

—Tal cual. De hecho, si llenas una botella de vidrio hasta el borde, la cierras bien y la congelas, la botella se va a romper porque las moléculas de agua se van a ordenar a medida que se enfrían y en un punto van a necesitar más espacio.

—Guau, ¡impresionante que el agua pueda hacer eso! Lo que es en mi vaso, el hielo dejó de flotar porque desapareció.

Hacía tanto calor que todo el hielo se derritió, así que fui por más mientras el Lukas estaba tirado en la cocina, tratando de enfriar su peludo cuerpo.

AIRE FRÍO, AIRE CALIENTE

Ayer amaneció todo blanco. Resulta que el día anterior había llovido mucho, pero en la noche se despejó y por eso hacía mucho frío, tanto que estaba todo congelado afuera y el pasto parecía pintado de blanco. Después de ducharme me abrigué muy bien para pasear con el Lukas que, aunque haga frío, calor o llueva, tiene que salir a hacer sus cosas de perrito.

—¡Qué frío hace! —dijo mi papá al ponerse su chaqueta.

—Mucho, yo creo que el pobre Lukas se va a congelar con este, a pesar de sus pelos.

—Tal vez sea bueno bajarlo con su chaleco.

El Lukas tiene un impermeable amarillo para la lluvia y un chaleco de lana para los días muy fríos. Ah, y un disfraz de Superman para Halloween. Abrigué al Lukas y salimos a la plaza.

—Ohhh, qué frío hace —dijo mi papá mientras se echaba aire caliente en las manos.

—Hay que correr para entrar en calor. —Y salí corriendo junto con el Lukas por la plaza.

Mi papá corrió detrás de nosotros y al final paramos en medio de la plaza a recuperar el aliento. Y, claro, me atacó una pregunta.

—Papá, ¿por qué sale como una nubecita de mi boca cuando hace frío?

—Ah, eso es el vapor de agua que se condensa con el frío.

—¿Ah?

—Lo que pasa es que cuando uno bota el aire de los pulmones, ese aire viene con agua en forma de vapor. Usualmente cuando hace calor no se nota, pero con el frío las moléculas de agua en el vapor forman gotitas de agua líquida muy pequeñitas que flotan en el aire y las podemos ver. Eso ves salir de tu boca cuando hace frío.

—¿O sea que lo que veo es agua que estaba dentro de mi cuerpo?

—Tal cual.

—Qué intenso.

En eso el Lukas vio un perrito al otro lado de la plaza, salió corriendo y yo lo seguí. Parecíamos de esos trenes antiguos que tiran un montón de vapor mientras se mueven.

—Se me congelaron las manos —le dije a mi papá.

—A mí también —respondió mientras se echaba aire caliente para calentarse las manos.

—Eso es curioso, papá.

—¿Qué cosa?

—Que cuando me echo aire así, con la boca bien abierta, sale caliente, pero cuando lo hago con los labios juntos sale frío. ¿Por qué pasa eso?

—¡Ohhh, qué buena pregunta! —dijo mi papá—. Volvamos a la casa y te explico mientras entramos en calor.

Al llegar a la casa el Lukas se sacudió, con mi papá nos pusimos nuestras pantuflas y calentó leche para hacer chocolate.

—Ya, explícame lo del aire frío y caliente.

—Lo que pasa es que cuando botas aire con la boca bien abierta, el aire sale de los pulmones a baja velocidad y en ese caso la temperatura que se siente es la misma que la del cuerpo. Cuando haces lo mismo con los labios bien juntos, el aire también viene de los pulmones, pero al salir a mayor velocidad arrastra aire del ambiente. Como en general el ambiente está mucho más frío que la temperatura del cuerpo, ese aire se siente frío.

—¿O sea que se debe a la velocidad con la que sale el aire?

—Tal cual.

En eso el Lukas comenzó a ladrar. Se estaba tratando de sacar el chaleco con sus patitas y en el proceso se enredó, así que lo ayudé y se echó feliz en su camita. Con mi papá tomamos el chocolate caliente para pasar el frío.

LANUDO

El otro día me tocó ordenar mi clóset. En realidad nos tocó, porque mi papá también iba a ordenar su ropa. Mientras ponía mis calcetines en un cajón y el Lukas me miraba sin entender mucho, escuché que mi papá gritaba desde su pieza.

—¡Nooo!

Con el Lukas fuimos a ver qué pasaba y lo encontramos sentado en el suelo, mirando un suéter con cara de pena.

—¿Qué le pasó a tu suéter?

—Parece que se lo comió una polilla —dijo mi papá mostrándome varios agujeros en su suéter favorito.

—Oh, lo siento. ¿Cómo sabes que fue una polilla?

—Tiene los típicos agujeros que dejan las polillas. Además, este es un suéter de lana de oveja, su comida favorita.

—¿Las polillas tienen comida favorita? —dije mientras me imaginaba a una polilla mirando un menú del restaurante Clóset de Papá.

—Sí, comen fibras de origen animal, como la lana de oveja. No así las fibras de origen vegetal, como el algodón.

—¿Y por qué comen eso?

—Lo que pasa es que las polillas se transforman de larvas a polillas.

—¿Larvas?

—Como gusanitos.

—Oh, entonces ¿primero son larvas y luego tienen alas?

—Tal cual. Y son las larvas las que se comen la ropa, no las polillas con alas. Lo hacen porque después tienen que fabricarse un saco de dormir llamado pupa, donde ocurre el cambio desde larva a polilla con alas. Y ese saco de dormir se lo fabrican con las fibras que comen.

—¿En serio?

—Sí.

—O sea que una larva de polilla se va a hacer su pupa con tu suéter favorito.

—Lamentablemente, sí —dijo mi papá con cara de resignación.

El Lukas, que parece una oveja, se echó al lado de mi papá y me quedé pensando en la lana.

—¿A quién se le ocurrió hacer ropa con lana de oveja?

—Eso pasó hace varios miles de años. De hecho, así como el hombre domesticó a perros, vacas y gallinas, también domesticó ovejas que producían mucha lana.

—¿Y el algodón?

—Es otra fibra que también sirve para hacer ropa, pero viene de una planta.

—¿O sea que tenemos ropa hecha de plantas?

—Así es. Las fibras de origen vegetal y animal han sido muy importantes en la historia de la humanidad. Igual ahora hay fibras sintéticas, pero las de origen natural, como el algodón y la lana, siguen siendo las preferidas.

—¿Y qué vas a hacer con tu suéter?

—Creo que voy a intentar repararlo. Es mi suéter favorito y, después de todo, solo tiene dos pequeños agujeros. Además, la fabricación de ropa es un proceso que usa mucha agua y energía, así que de paso le damos una manito al planeta.

Mi papá sacó aguja e hilo de una caja chiquitita que estaba en el clóset y en un ratito había reparado los dos agujeros. El Lukas lo miraba con atención, sin entender mucho lo que estaba pasando, y yo no podía dejar de sonreír pensando en lo mucho que mi perro parece una oveja.

Gabriel León

Mi papá nació en Santiago el siglo pasado, en 1975. Cuando niño era tan curioso como yo y por eso decidió ser científico, para lo que tuvo que estudiar muuuchos años. Es bioquímico, doctor en biología celular y molecular (o sea, no es doctor de esos que atienden en un hospital) y durante varios años trabajó en una universidad. Ahora se dedica a explicar la ciencia a todo el mundo: trabaja en una radio, escribe libros y más adelante quiere ser panadero y fotógrafo. Un loquillo.

Paula Balbontín

Es diseñadora gráfica e ilustradora. Nació en Santiago de Chile en medio de una familia muy creativa. Durante su infancia pasaba mañanas enteras persiguiendo a su mamá por toda la casa preguntándole qué podía dibujar. Hoy esa pasión por el dibujo la llevó ser la ilustradora oficial de la serie de libros sobre preguntas raras de los niños.

¿Cuánto mide un metro? de Gabriel León
se terminó de imprimir en el mes de febrero de 2022
en los talleres de Diversidad Gráfica S.A. de C.V.
Privada de Av. 11 #1 Col. El Vergel, Iztapalapa,
C.P. 09880, Ciudad de México.